Mascotas inusuales

LAS CUCARACHAS SILBADORAS

MARYSA STORM

BLACK RABBIT BOOKS

Bolt es una publicación de Black Rabbit Books
P.O. Box 227, Mankato, Minnesota, 56002
www.blackrabbitbooks.com

Alissa Thiegles, editora; Rhea Magaro, diseñadora de los interiores e investigación fotográfica.

Información del catálogo de publicaciones de la Biblioteca del Congreso
Names: Storm, Marysa, author.
Title: Las cucarachas silbadoras / by Marysa Storm.
Other titles: Hissing cockroaches. Spanish
Description: Mankato, MN: Black Rabbit Books, [2026] | Series: Mascotas inusuales | Includes index. | Audience: Ages 8-12 | Audience: Grades 4-6
Identifiers: LCCN 2024050601 (print) | LCCN 2024050602 (ebook) | ISBN 9781644669518 (library binding) | ISBN 9781644669631 (ebook)
Subjects: LCSH: Madagascar hissing cockroaches as pets—Juvenile literature. | Madagascar hissing cockroach—Juvenile literature.
Classification: LCC SF459.M33 S7618 2026 (print) | LCC SF459.M33 (ebook) | DDC 595.7/28--dc23/eng/20250121

Image Credits
Alamy Stock Photo/ blickwinkel/B. Trapp, 9; Dreamstime/ Alessandrozocc, 25, Ruslan Grigolava, 18–19, Troichenko, 4-5; Shutterstock/Aastels, 16–17, 24, Al More, cover, Alexey Stiop, 1, Anna Tsygankova, 26–27, Ceren Bayrak, 4-5, Connie Wade, 19, dropStock, 24–25, Eric Isselee, 28–29, Guillermo Guerao Serra, 13, Iv-olga, 21, JIANG HONGYAN, 25, JJJW, 24, Ljupco Smokovski, 13, LouieLea, 8, PRO Stock Professional, 26–27, Protasov AN, 31, Pum Story, 25, Robert Eastman, 11, skydie, 3, 15, TH2I Shutter Rich, cover, torook, 22, Vera Larina, 6–7, 2happy, 32; Wikimedia Commons/Matt Reinbold, 21

CONTENIDO

CAPÍTULO 1

Conoce a la CUCARACHA SILBADORA

Una niña está acurrucada en su sofá, leyendo. De repente, nota que algo se mueve. Es un insecto gigante y brillante. ¡Y está trepando por las cortinas! Pero la niña no tiene miedo, se ríe, porque conoce al bicho. ¡Es su mascota!

En la naturaleza, las cucarachas silbadoras viven en grupos llamados colonias.

Amigo rastrero

La niña sostiene las palmas de las manos frente al insecto, este se sube a sus manos. La niña camina despacio. Se dirige hacia el **terrario** del insecto. Mientras, la cucaracha pasa de una mano a la otra. Sus patas le hacen cosquillas en las palmas. Sus antenas se mueven para descubrir nuevos olores.

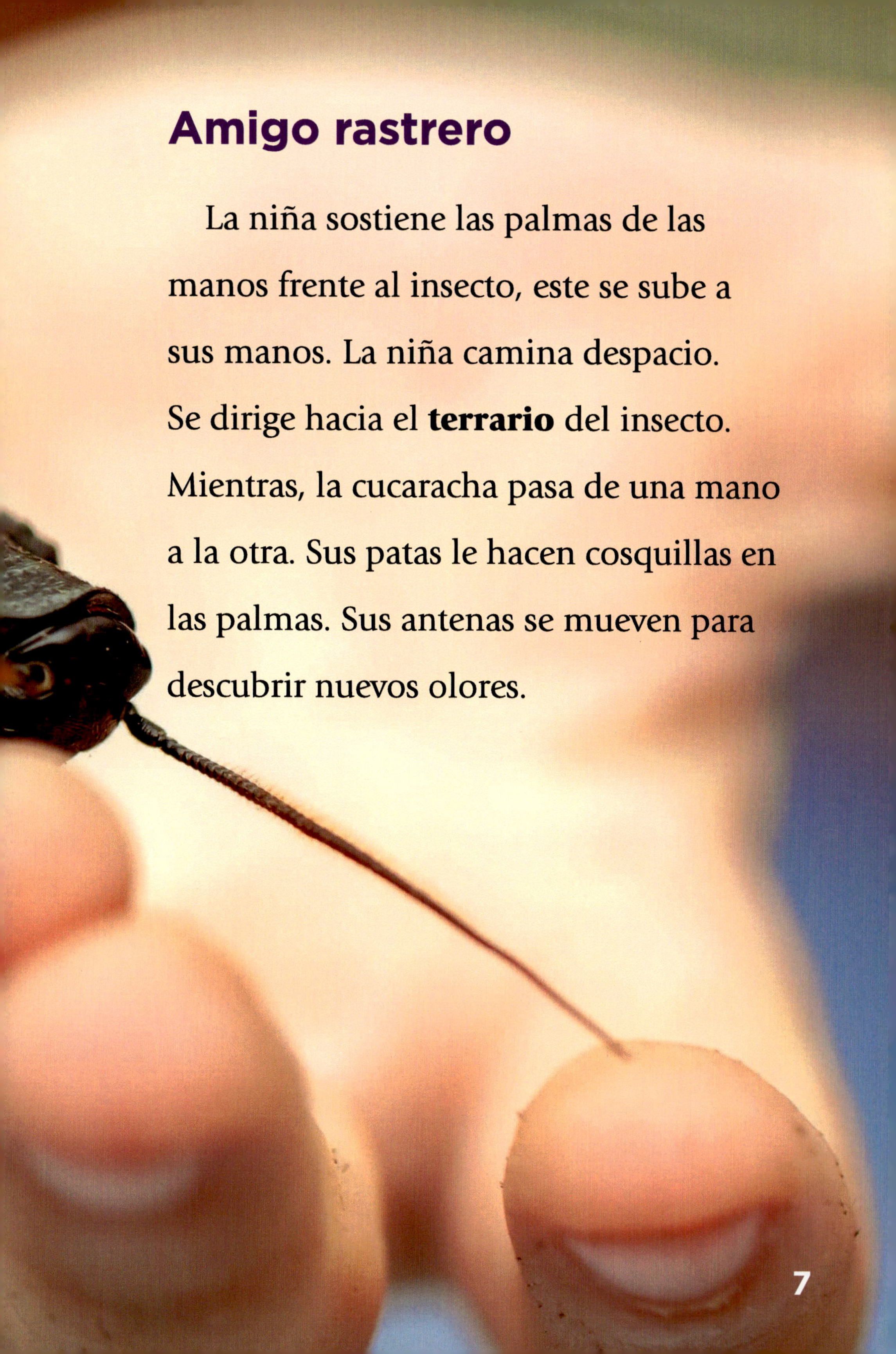

CAPÍTULO 2

UNA MASCOTA ESPECIAL

Una cucaracha silbadora no es una mascota común. ¡Ni siquiera es un insecto común! Estos bichos únicos provienen de la isla de Madagascar. Allí, se arrastran por el suelo del bosque. Salen por la noche, comen frutas y verduras caídas.

Madagascar es caluroso y **húmedo.**

DÓNDE VIVEN LAS CUCARACHAS SILBADORAS EN ESTADO SALVAJE

EUROPA
ASIA
ÁFRICA
AUSTRALIA
MADAGASCAR
ANTÁRTIDA

CARACTERÍSTICAS de la cucaracha silbadora

Estos insectos son grandes. Por lo general, miden entre 2 y 3 pulgadas (5 y 7,6 centímetros) de largo. Los machos son más grandes que las hembras. Tienen antenas más gruesas y cuernos más grandes.

Estos insectos no tienen alas. Eso significa que no pueden volar, ¡pero pueden trepar! Las púas de sus patas les ayudan a trepar por casi cualquier superficie.

Tamaño promedio

LONGITUD
2 a 3
PULGADAS
(5 a 7,6 cm)
0 onzas
10 onzas
PESO
menos de
0,8
ONZAS
(22.6 gramos)

¡Sss! ¡Sss!

Estos insectos deben su nombre al sonido que emiten. A menudo silban cuando están en peligro. Los machos también silban como llamada de **apareamiento**. El sonido se produce a través de sus orificios respiratorios. Los insectos expulsan aire por estos orificios.

COMPARACIÓN DE LONGITUDES

Cucaracha de banda marrón

Cucaracha americana

Cucaracha silbadora

Cucaracha gigante excavadora

longitud en pulgadas

0,5 (1.3 cm)
aproximadamente 1,5 (3,8 cm)
aproximadamente 3 (7,6 cm)
aproximadamente 3,2 (8,1 cm)

PARTES DE LA CUCARACHA SILBADORA

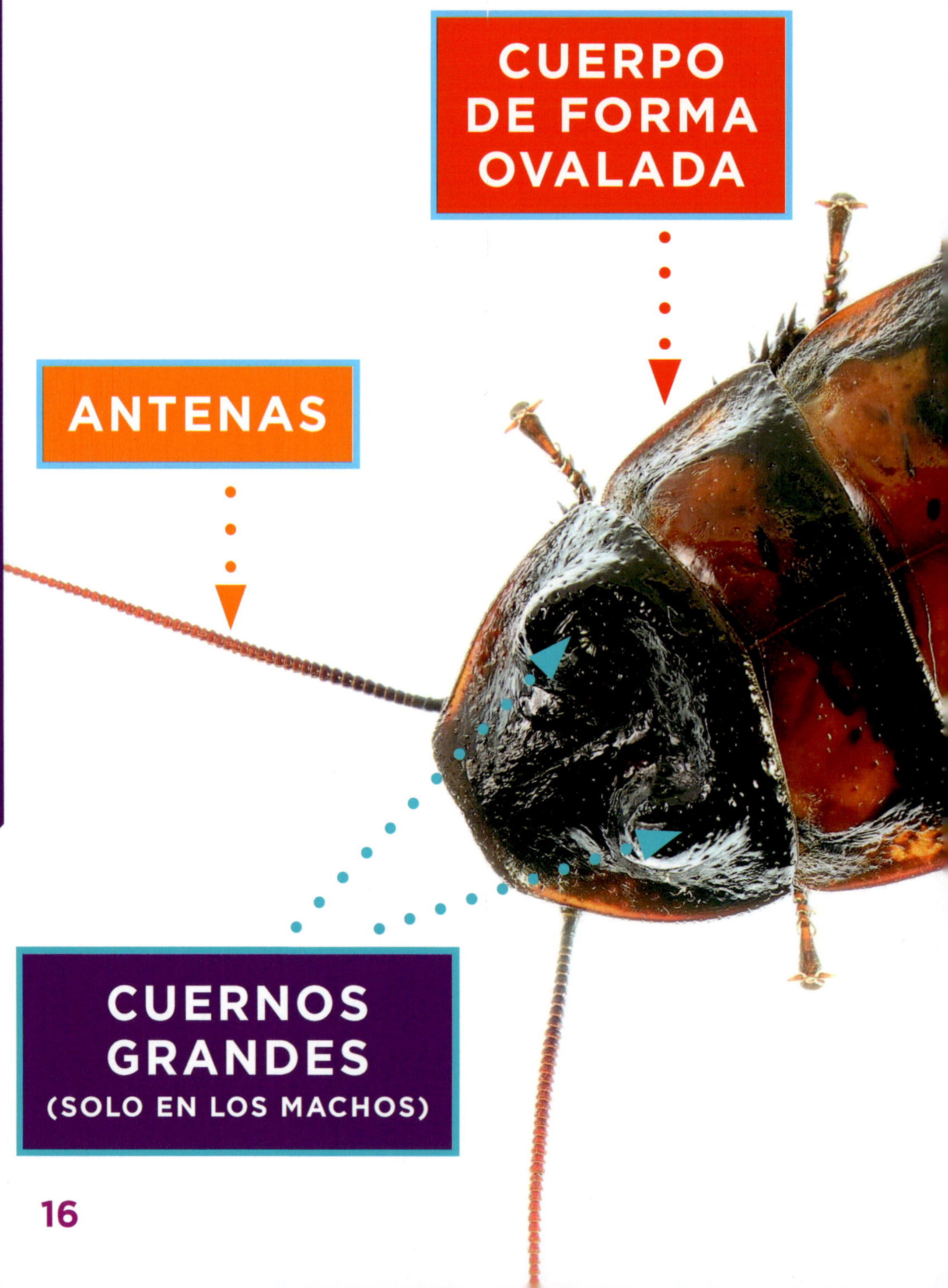

ORIFICIOS RESPIRATORIOS
PATAS ESPINOSAS

CAPÍTULO 4

Cuidados de una CUCARACHA SILBADORA

Las cucarachas silbadoras son buenas primeras mascotas. Son fáciles de cuidar. Como la mayoría de las mascotas, necesitan comida y agua fresca a diario. Lo mejor es un plato pequeño y poco profundo con agua. La mayoría de los dueños alimentan a sus cucarachas con una mezcla de frutas y verduras. Cualquier alimento no consumido debe retirarse después de 24 horas.

Alimentos buenos

MEZCLA DE ALIMENTOS COMERCIAL

VERDURAS DE HOJA VERDE

lechuga romana, col rizada, coles verdes

FRUTA DEMASIADO MADURA

manzanas, plátanos, naranjas

VERDURAS

calabaza, zanahorias

Artistas escapistas

Un terrario es un buen hogar para estas cucarachas. Es importante asegurarse de que las tapas de **malla** se ajusten bien. Las cucarachas son excelentes trepadoras, podrían escaparse si la tapa no está bien cerrada.

Una cucaracha silbadora puede vivir sola o en grupos pequeños. Sin embargo, los dueños con muchas cucarachas pueden terminar teniendo crías de cucaracha.

Las crías de cucarachas silbadoras se llaman **ninfas.**

Como el suelo del bosque

El tanque debe **imitar** el suelo de un bosque. El fondo debe tener una capa de lecho, también debe haber muchos lugares donde esconderse. Los troncos, las plantas y las rocas son buenos complementos. Las plantas no deben ser **tóxicas**. Los dueños también pueden añadir tubos para trepar.

El tanque debe lavarse cada dos semanas.

UN TANQUE DE CUCARACHAS SILBADORAS

troncos, ramas u otras plantas

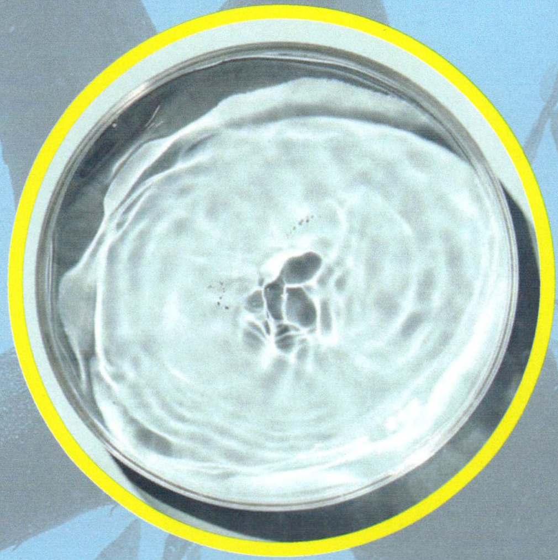

plato de agua poco profundo

lecho
rocas
tubos

Un hogar feliz

A las cucarachas silbadoras les gustan los lugares cálidos y húmedos. Su tanque debe rociarse con agua con frecuencia. Esto mantiene la **humedad** en el aire. Un calentador para el tanque puede ayudar a mantenerlo caliente.

Cuidar a estas criaturas puede requerir mucho trabajo, pero sus dueños adoran a estas mascotas únicas. ¡No se parecen a ninguna otra!

LA TEMPERATURA ADECUADA

Activa
por encima de 85°F (29°C)

Mejores temperaturas diurnas
80–85°F (27–29°C)

Mejores temperaturas nocturnas
70–80°F (21–27°C)

Lenta y perezosa
65–70°F (18–21°C)

No es seguro
por debajo de 65°F (18°C)

En NÚMEROS

12 pies
(3.7 metros)
a qué distancia se puede oír el silbido de una cucaracha

5 galones
(19 litros)

BUEN TAMAÑO PARA UN TERRARIO DE CUCARACHAS

aproximadamente

4,000

NÚMERO DE ESPECIES DE CUCARACHAS QUE EXISTEN

hasta

60

CUÁNTAS NINFAS PUEDE TENER UNA CUCARACHA HEMBRA A LA VEZ

hasta

5

AÑOS

CUÁNTO TIEMPO PUEDE VIVIR UNA CUCARACHA SILBADORA

GLOSARIO

aparearse: unirse para producir crías

humedad: una pequeña cantidad de líquido que hace que algo esté húmedo

húmedo: con mucha humedad en el aire

imitar: copiar o parecerse mucho

malla: material hecho de hilos o alambres con agujeros espaciados uniformemente que permiten que el aire o el agua pasen a través de ellos

ninfa: insecto joven que tiene casi la misma forma que el adulto

terrario: una caja de vidrio o plástico que se utiliza para cultivar plantas o mantener pequeños animales en el interior

tóxico: venenoso

ÍNDICE ALFABÉTICO